AF347246

ISHTAR

Poesia

128

© 2023 - Gilgamesh Edizioni
Via Giosuè Carducci, 37 - 46041 Asola (MN)
gilgameshedizioni@gmail.com - www.gilgameshedizioni.com
Tel. 0376/1586414

ISBN 978-88-6867-685-8

È vietata la riproduzione non autorizzata.

In copertina: Foto di Luigi Briselli, 2019.

© Tutti i diritti riservati.

Claudio Fraccari

FESTEN

Versi d'occasione

Gilgamesh Edizioni

Nemo prof in patria

Prima della rima

Sono qui raccolti alcuni dei molti testi poetici creati *ad hoc* e dedicati ad amici, parenti, conoscenti, soprattutto in prossimità di eventi festivi o festosi. Feste comandate (Natale, Capodanno, Pasqua), raccomandate (cerimonie celebrative), poco raccomandabili (spettacoli propri e impropri).

Si tratta dunque di versi d'occasione – e occasionali. Hanno aspirazioni serie? Vi abbondano le facezie, le trovate, le arguzie, benché non manchino retrogusti amari o tetraggini; insomma, si potrebbero definire componimenti semi-seri: divertiti sempre, divertenti chissà. Quel che più conta è che siano fondati su regole canoniche (le rime, la metrica), enigmistiche (sciarade, anagrammi, *calembours*), criptiche (acrostici, telestici, indovinelli). In ogni caso, le complicazioni rendono spesso ostica la comprensione del lettore (o dell'uditore), così come la composizione da parte dell'autore. Per entrambi, però, non ci sarebbe gusto senza qualche difficoltà.
In calce a ciascuno di questi "esercizi di stile" si forniscono le circostanze, le *rationes*, le eventuali soluzioni o parafrasi.

Dunque, lisciate ogni speranza: voi c'entrate!

Firmato:
Nuvola dell'ego / Abiti da cerimonia costosi o amati

FESTEN

*

Buona Pasqua a tutti quanti,
a stanziali ed erranti,
a gaudenti e penitenti.
E che sia con chi vuoi
oppure sempre con i tuoi,
ciò che conta è la pace
dentro e fuori. E qui si tace.[1]

---

[1] Pasqua 2007. Sono 7 versi ottonari, con rima AAb/BCCDD.

*

Se la passava male
quel giorno di Natale.
Era povero in canna,
per casa una capanna,
un trogolo per culla –
aveva proprio nulla.
Così è per tutti noi,
tra asini e buoi.
Auguri che a meta
arrivi la cometa.[2]

---

[2] Natale 2007. Sono 10 versi settenari, con rima AABBCCDDEE.

Anno Nuovo
Annotazioni anaforiche

Anno angosciato
andrà pur via
annichilito,
ancóra annunciando
– àncora ancipite,
ansa anfibia –
annata anelante
a nuova anàbasi.
Ah non v'annoi,
animi ansiosi,
anagrammare
anche l'annoso,
anzi antiquario:
«A NOI, GURU!».[3]

---

[3] Capodanno 2008. Tutti i 14 versi, in prevalenza quinari (2 i senari), iniziano con le stesse due lettere (/an/), spesso replicate in emistichio, derivate dalle iniziali della ricorrenza esplicitata nel titolo. La prima applicazione si ha nel sottotitolo. Il verso conclusivo non è che l'anagramma di < AUGURONI >.

*

Non vi paia madornale
quest'augurio mio pasquale:
dentro l'uovo la sorpresa
è reale se non c'è!
Sia più tiepida l'attesa,
ogni nuova abbia un perché.
Ora auguro e commento:
pathos sì, no patimento.[4]

---

[4] Pasqua 2008. Gli 8 versi (ottonari) seguono la rima AABCBCDD.

Colori

I colori del Natale
fanno bene oppure male.
Prendi il fiore più diffuso
altrimenti detto stella:
può portare pure jella!
E gli alberi più in uso
son gli abeti sempreverdi
che si stagliano maestosi
sul candore della neve.

Allorché però ci perdi
o gli acquisti son costosi,
la bolletta è molto greve,
il conto in banca segna rosso,
sei al verde a più non posso,
tanto che o triste o stanco
vai magari anche in bianco...

Meglio il nostro tricolore
come augurio d'alleanza,
forza e solidarietà:
rosso è il timbro dell'amore,
il verde allude alla speranza,
bianco infine è l'onestà![5]

---

[5] Natale 2009. I 22 versi ottonari, suddivisi in 3 strofe, seguono la rima
AABCCBDEF-DEFGGHH-ILMILM. Ogni strofa illustra il tricolore.

*

Chi si aspetta per Natale
le mie rime scalcinate,
è senz'altro un vecchio amico,
che mi scusa se risale
fino a non recenti date,
al passato forse antico,

l'occasione della festa,
dell'incontro, dell'abbraccio.
Chiedo venia se è accaduto;
come a tutti, non mi resta
molto tempo in quel che faccio.
Ecco in cambio un mio saluto,

pochi versi ma sinceri,
che vi rendan più sicuri
che esistete nel mio mondo,
nei ricordi, nei pensieri.
Quindi a voi i miei auguri
per un anno – in un secondo![6]

---

[6] Natale 2010. Tre sestine di ottonari (ABCABC-DEFDEF-GHIGHI).

Acrostico neoterico

Anno Nuovo Non Orrendo
Né Uggioso Ognun Vorrebbe -
Octosillabicamente.[7]

---

[7] Capodanno 2011. Sono 3 versi ottonari sciolti. Le iniziali di ogni parola compongono < ANNO NUOVO >.

*

Benedetta questa festa
Un po' troppo comandata
Ove ognuno già s'appresta
Nel rispetto della data
A risorger dal torpore
Per gli impegni quotidiani.
Auguriamo di buon cuore
Sia per oggi o per domani
Qualsivoglia leccornìa,
Uovo con sorpresa pia,
Aria accesa d'allegria![8]

---

[8] Pasqua 2011. Gli 11 versi ottonari, con rima ABABCDCDEEE, nascondono un acrostico: le prime lettere di ogni verso, lette in verticale, formano l'augurio < BUONA PASQUA >.

Mai dire Maya

Se non han ragione loro,
io vi auguro ogni bene.
E del resto a chi conviene
ricercare un buon lavoro,
faticare tutto il giorno
per sbarcare il lunario,
se si sentono d'intorno
lamentele da calvario?
Meglio allora per chi sgobba
cavalcare un dromedario
e sperar che la sua gobba
porti un'oasi di fortuna:
nel deserto il refrigerio
può arrivar dopo la duna.
E se fosse poi un miraggio?
Poco male, resta il viaggio.
Col *refrain* "Mai dire Maya"
(più *blasé* di quanto appaia),
vi ripeto in altro stile:
fate largo al bisestile![9]

---

[9] Capodanno 2012. I 20 versi (ottonari) si dispiegano secondo la rima
ABBACDCDEDFG(D)GHHIILL.

L'uovo di… colomba

Se nell'uovo si trovasse
inattesa una gallina,
forse sciolto si sarebbe
un annoso bel dilemma
(e per giunta esentasse).
La sorpresa una e trina,
clamorosa diverrebbe,
se con qualche stratagemma
s'ideasse questa bomba:
dentro l'uovo una colomba![10]

---

[10] Pasqua 2012. Sono 10 versi ottonari, con rima ABCDABCDEE. Il titolo è un (ovvio) *calembour*.

*

Strana slitta con le strenne
traïnata dalle renne;
la capanna tale quale
ove nacque il dì fatale
una festa originale;
quindi neve naturale
o brinata artificiale
su un abete e tante stelle.
Buon augurio a tutta pelle!
Ecco quanto fa NATALE.[11]

---

[11] Natale 2012. I 10 ottonari seguono la rima AABBBBBCCB. In ogni verso compare disciolta la parola chiave < NATALE >, con cui si chiude il componimento. Le lettere indiziate sono scritte in neretto.

*

È finito il bisestile,
messa al Bando è Uggia O bile;
uN messaggio mai ANNOia
quando augura la gioia,
se amichevole predice:
l'anno nuovo sia felice![12]

---

[12] Capodanno 2013. Sono 6 versi ottonari, con rima AABBCC. Le lettere maiuscole nel corpo del testo rivelano l'augurio < BUON ANNO >.

Pasqua d'acqua

Ah, che festa benedetta...!
Piove in piano e sulla vetta:
primavera è arrivata
ma del caldo s'è scordata;
niente uccelli, niente fiori,
in compenso più dolori.

La via crucis è finita?
Penso al tempo o alla vita...
Sono varie le Stazioni
e balzane le stagioni.
Turbolenta la Passione,
ecco il sol di Redenzione:

sì, la pioggia è stata tanta,
fosse almeno acqua santa!
Lo speriamo: dunque a tutti
buona Pasqua, buoni frutti,

meno Sparta, molta Atene.
Stia lontana la disdetta,
sia la festa benedetta!
O una festa detta bene...[13]

---

[13] Pasqua 2013. I 20 versi ottonari sono divisi in 4 strofe (2 sestine, 2 quartine), con rima AABBCC-DDEEFF-GGHH-IAAI.

Natale, Natale

Annata letale.
E là l'antenata
né alta né lata
(ah, altalenante!),
ha lena. Atlante
t'allena, Atena
t'anela: altane
han tale natale.
Alé, nata lenta,
la ala ne tenta! [14]

Parafrasi:
È stato un anno mortifero.
E la scadenza festiva precedente,
che non era stata certo granché,
composta com'era di alti e bassi,
mantiene una certa forza residua.
(O nuova festività), è il titanico Atlante a preparart i,
e la giudiziosa Atena a desiderarti.
Solo le torri svettanti nascono
sotto auspici altrettanto fausti.
Su, anche se inizi in sordina,
la tua levità può provare a volare!

---

[14] Natale 2013. I 10 senari sono variamente rimati, secondo lo schema: a/BAACd/Cd/D(B)BEE. Ogni verso è fondato sull'anagramma del titolo (esso pure senario).

Lamento del nuovo Onan

No, non uova,
avo non uno.
Un ovo nano,
Onan nuovo
o Unno vano
- oh, uno non va!
Non ho nuova;
uva o nonno
o Onu vanno...
(*Firmato:*
Nuovo Anno)[15]

---

[15] Capodanno 2014. Sono 10 quinari variamente rimati, secondo lo schema: A(B)c/BCB(A)A(E)EE. Ciascuno è anagramma del verso finale.

*

Non ho dei discendenti,
nemmeno ascendenti.
Son piccolo embrione,
novello onanista
o barbaro arrivista,
– da sol non ho funzione!
Notizia non arriva;
il frutto della vite
oppure l'antenato
o le Nazioni Unite
han tutti prospettiva
di un significato...[16]

---

[16] Capodanno 2014. I 12 settenari seguono la rima AABCCBDEFEDF.
Il componimento è parafrasi di quello precedente.

Tuon Banale

Con l'augurio natalizio
io mi tengo in esercizio;
concedetemi lo sfizio
- forse è meglio dire vizio
o buonumore torrentizio.
Dichiarato è l'armistizio
a pochi giorni dal solstizio:
feste, doni a precipizio
dall'asilo al triste ospizio.
Non vi sembri ciò fittizio,
tanto meno escrementizio
(e neppure vi sevizio
manco fossi il Sant'Uffizio!).
Di speranza è un indizio,
indispensabile *conditio*,
senza essere un comizio.
Dunque dico a Caio e Tizio,
al maturo o al novizio,
eschimese oppure egizio,
nato in Cina o a Busto Arsizio:
buona fine e dolce inizio,
l'anno nuovo sia propizio![17]

---

[17] Natale 2014. Sono 22 versi ottonari monorima.

Postilla

Caro figlio vagabondo,
che vai in giro per il mondo,
cara figlia non da meno,
con l'aereo o con il treno,
questi auguri un po' da vate
ve li mando ovunque siate:
Rivarolo Mantovano,
Montanara o Aviano,
Salamanca o Aberdeen
– come a Brindisi: cin cin![18]

[18] Natale 2014. I 10 versi ottonari, con rima AABBCCDDEE, erano
indirizzati ai miei figli, allora entrambi all'estero.

*

Fin qui nuoceva - ma
non l'odi? - e dice lui:

«Ciel, nido, luce fui,
né meno. O quindi, va',

di mali non ne feci.
Un uovo quale dici

io covo in me». Di cui
alleni dunque fan![19]

Parafrasi:
Dava noia fino a poco fa – ma sentilo mentre si schermisce: "Sono stato nientemeno che il cielo della speranza, il nido degli affetti, la luce del successo (ovvero tutte le illusioni che si ripongono in un anno appena iniziato). Perciò, dai, non ho fatto danni volontari. E cresce dentro di me un embrione che ben conosci". Allora, caro anno uscente, stai facendo crescere gli estimatori per l'anno che verrà!

---

[19] Capodanno 2015. Diviso in 4 distici di versi settenari, il componimento segue la rima AB-BA-CC-B(A) [perfette B e A (tranne l'ultima A in assonanza); siciliana C ~ C]; si noti anche la rimalmezzo tra i vv. 6-7 (uovo ~ covo), mentre al v. 2 si ha una *aequivocatio* (l'odi ~ lodi). Il testo annovera un indovinello (1,4,7), la cui soluzione è < L'ANNO VECCHIO >, e un anagramma (6, 4, 5 + 15) per ciascun distico: la soluzione è < FELICE ANNO NUOVO / DUEMILAQUINDICI >.

*

Pulsa equa ruga; io
apro quasi uguale;
supera qual guaio;
a pio guru qua sale.[20]

---

[20] Pasqua 2015. Sono 4 senari a rima alternata ABAB.
La soluzione (< AUGURIO PASQUALE >):
- funge per ciascun enunciato da oggetto o soggetto;
- è anagramma (7+8) di ciascun verso;
- è un senario in rima con una coppia di versi.

Tuon banale / fu gru ai cieli

Nota la nube
– lenta, buona,
lontana –, bue.
Neonata blu,
nauta: Nobel
là non è tabù!
Talun, ebano
(un talebano?),
ben tuona al
bot annuale.
E tu, alba non
al neon, tuba.[21]

[Parafrasi]
SOLITO TEMPORALE
COME UCCELLO IN VOLO
Tu, animale laborioso e grave, guarda
i corpi nuvolosi che passano senza fretta
e con felice auspicio lassù.
Tu piccola, frutto di recente parto Na'vi,
ovvero marinaio di Alpha Centauri, considera possibile
ottenervi il massimo premio umano!
E c'è chi, nero d'ira come duro legno,
quasi violento integralista,
si lamenta per lo scarso
rendimento dei titoli di Stato.
Ma tu, chiarore mattutino senza luci artificiali,
suona le tue dolci melodie.

---

[21] Natale 2015. Sono 12 versi (14 con il titolo), in prevalenza quinari (piani o tronchi), ciascuno anagramma di < BUON NATALE >. Il titolo è invece anagramma di < BUON NATALE / FELICI AUGURI >.

Testacoda

Bando all'etichetta	snoB:
Un augurio sempre	piÙ
Ostentato con	orgogliO
Nega il tatto del	bon toN?
Accidenti, cosa	importA,
Non ci metto il	colophoN,
Né vi chiamo sir	o doN!
Omaggiarvi, questo	vogliO.[22]

---

[22] Capodanno 2016. Gli 8 versi ottonari (rima: XXABXBBA) nascondono un acrostico e un telestico: dei versi le lettere sia iniziali che finali formano infatti l'augurio < BUON ANNO >.

Presepe vivente

A scrutare con la lente
quel coacervo che è la gente,
sia vociante sia silente,
pur inconsapevolmente,
è un Presepe, sì, vivente...

Chi fa il bue ed è paziente,
chi un po' asino si sente
(da studente e da docente);
chi c'è sempre e chi è assente,
chi ha tutto oppure niente;

chi si mostra indifferente
o al pastore è pertinente
o alle pecore che lente
a levante e a ponente
seguon sempre la corrente.

I re Magi da oriente
recan doni: dirimente,
la cometa guida l'ente
verso il nuovo continente
della luce. Se è coerente,

di Maria è parente
ogni madre; e sovente
con Giuseppe è interagente
il padre che spiritualmente
di ogni pecca sua si pente.

Quanto ai figli, solamente
finché spunta il primo dente
sono simili a Gesù
- poi, crescendo, esigente
è ciascuno e insofferente:

il mondo adulto lo pretende
(la sconfitta più cocente
è non esser mai vincente).
Tuttavia, possibilmente,
perseguiamo la virtù,

ché la vita lo consente!
"Un Natale eccellente"
è l'augurio prepotente
che mi esce dalla mente
– voi direte: finalmente!...[23]

---

[23] Natale 2016. I 40 ottonari monorima (salvo 2 rime tronche diverse) sono suddivisi in 8 strofe pentastiche.

Solstizio

È passato ormai il solstizio
invernale. È un indizio
per dar sfogo al mio sfizio
e rinnovare il sodalizio:
a Sempronio, Caio o Tizio
regalare un fittizio
ritornello a precipizio
senza alcuno pregiudizio,
fosse a Bari o a Busto Arsizio,
sotto l'ombra di un palmizio,
tra le nebbie di San Brizio,
dentro ad un museo egizio,
un cantiere edilizio,
o davanti al Santo Uffizio
in attesa del supplizio
- non senz'altro da novizio,
anzi a un passo dall'ospizio.
Vengo al dunque o un comizio
a dir poco torrentizio
pare questo mio interstizio
(perdo il pelo, non il vizio):
«BUONA FINE, LIETO INIZIO!»[24]

---

[24] Capodanno 2017. Sono 22 versi ottonari monorima.

Augurio pasquale

Cercando del tempo il pegno, POI QUAL È SUA RUGA?
ha smesso ivi di parlare, QUA PERÌ SUA UGOLA,
ov'è iattura in doppio segno: ASPRO QUI (H)A UGUALE:
esempio, di Trump l'elezione, QUAL GUAIO PER 'USA'!
o dopo Brexit l'infezione. GIÀ 'EU', QUAL ORA? PUS?
Alternativa? Lassativi, O USI LA PURGA EQUA,
invece di falchi aggressivi. O PUR SUA È QUAGLIA.
Per un vecchio simil-santone A QUASI PALEO-GURU:
comunque è lecito volare.[25] SU ALI ERGA – QUA PUÒ.

---

[25] Pasqua 2017. Ciascuno dei 9 versi novenari rimati (ABACCDDCB) è chiosato in parallelo da anagrammi del titolo.

"Va', avo bardo" / "Vado, baravo"

Non è tempo di Bacche grasse –
l'unione fU la forza, credo.
Non sono nOto ieri (temo),
ma sentire le Noci dentro...
Gallina dalle uova doNo.
Chi rAmpe paga, spero sia
sui monti. *Est moTus in rebus*!
I cAnti non tornano – mai;
e poi l'aLito non fa il monaco.
L'arte è lunga, la vitE breve.[26]

Parafrasi:
"Procedi, vecchio poeta" / "Sì, ho truccato le carte"
Se n'è andata l'epoca dei frutti -
ritengo fosse il grappolo, il segreto.
Purtroppo mi si conosce da tempo,
eppure l'interiore contiene ancora qualcosa...
Il mio regalo è da cortile, ma non sterile.
Le salite costano, mi auguro ne valga la pena.
Infine, tutto scorre! Ciò che si è gioito
appartiene al passato; d'altronde,
il respiro non garantisce la meditazione.
C'è ancora molto da fare, speriamo sia restato qualche giro.

---

[26] Natale 2017. Ciascuno dei 10 novenari sciolti utilizza un'espressione idiomatica, sostituendo però una lettera in modo da mutarne il senso. Le lettere così espunte formano il titolo (due quinari in anagramma reciproco), mentre le lettere inserite (marcate in maiuscolo) compongono l'augurio tradizionale (< BUON NATALE >). Va rilevato che il testo di partenza è in sé umoristico, mentre la parafrasi è inquieta, forse angosciata. Me ne scuso, ma "truccando le carte", poi può accadere che si trasformino in tarocchi.

Inno nuovo, sempre *ab ovo*

   Come un uovo / s'apre presto
anche questo / inno nuovo:
   carta bianca / come brina
che s'incrina / quasi stanca
   se del sole / una freccia
cerca breccia; / e le parole
   silenziose / sono fiori
a più colori, / quasi cose.
   Tutto è ancora / da scoprire,
come mire / all'aurora;
   resta intanto / la speranza
(è abbastanza) / di un incanto,
   la certezza / di un augurio,
forse spurio, / che accarezza
   degli amici / il futuro.
Son sicuro: / vado in bici,
   anche a piedi / se bisogna,
dalla fogna / alle sedi
   più in rilievo, / al sublime
delle cime, / col sollievo
   di portare / (a chi apprezza)
qualche brezza / peculiare.
   Si concluda / la poesia:
cotta o cruda, / così sia.[27]

---

[27] Capodanno 2018. Tutti i 24 versi ottonari sono strutturati con rima-al-mezzo incrociata (eccetto l'ultima coppia a rima alternata). Schema: a/Bb/Ac/Dd/Ce/Ff/Eg/Hh/Gi/Ll/Im/Nn/Mo/Pp/Oq/Rr/Qs/Tt/Su/Vv/U w/Oo/Wy/Zy/Z.

Ἰχθύσ / Ichthýs

Per quest'anno è impegnativo
Esperire un giusto canto.
Si comprende il motivo:
Coincide il giorno santo
Esattamente con la data
Di tenore assai profano
In cui ogni buffonata
Può accadere. Dunque invano
Attenderemo che risorga?
Se si ha fede poco importa.
Qualsivoglia ricorrenza
Una pratica comporta:
Augurar beneficenza.[28]

---

[28] Pasqua 2018. I 13 versi ottonari hanno la rima ABABCDCDXEFEF. Acrostico: le lettere che inaugurano ogni verso compongono il sintagma < PESCE DI PASQUA > (in ragione della coincidenza fra Pasqua e il 1° aprile). Il titolo ne è causa e conseguenza: Ἰχθύσ in greco (*Ichthýs* nella traslitterazione latina) significa 'pesce' e rappresenta l'acrostico per eccellenza nella simbologia paleo-cristiana: *Ἰησοὸς Χριστὸς Θεοῦ υἱὸς Σωτήρ,* ovvero "Gesù Cristo, di Dio figlio, Salvatore".

O Natale, Natale!

E a tale lontana
onta, alea lenta
o altalenante a
tanta ala, leone
anela e lotta: n'ha
lata e nota lena.
No, là nata è l'età
leale, non atta a
Tantalo, a l'Enea.
O letale annata!
Nota, ne la talea
alta, neo-natale...[29]

Parafrasi:
Poi, di fronte a questo remoto
smacco, dovuto a un caso tardo
ovvero intermittente
per così gran volo, un regale felino
spera e combatte: possiede
larga e risaputa energia.
Anzi, allora è sorta un'epoca
di fedeltà, per nulla consona
a figure del mito o dell'epica.
Velenoso periodo!
Scorgi, nel germoglio
elevato, una rinascita...

---

[29] Natale 2018. I 12 versi settenari sono altrettanti anagrammi del titolo. Gli esiti ermetici hanno reso necessaria la parafrasi.

Capodanno

<table>
<tr><td>

PA', CONDONA:
DOPO CANNA,
DO CAPANNO,
PANCA DONO,
PANNO D'OCA;
O CON PANDA
ANNODO C.A.P.
POCA DONNA
DANNA POCO?
NON DA CAPO!

</td><td>

Avo, scusa:
oltre al fumo,
do rifugio,
offro sedia,
un piumino;
o con l'auto
vado in giro.
meno sesso,
meno guai?
Smetti, dai![30]

</td></tr>
</table>

---

[30] In questa "operetta morale", composta di 10 versi quadrisillabi che anagrammano il titolo, lo scanzonato Anno Nuovo 2019 parla all'Anno Vecchio 2018, burbero e poco permissivo. La parafrasi è pure in versi di quattro sillabe, con distico finale in rima.

*

Bar ci sia oppure un pub,
Una tenda, un igloo,
O un capanno – che ne so.
Non importa, basta ben
Al riparo star colà.
Per creare un dono pop,
A prescinder dall'età,
Si cucini sopra il gas
Qualche uovo à la coque.
Un effetto avrai tu:
Anche il cuor si scioglierà![31]

---

[31] Pasqua 2019. Gli 11 ottonari tronchi hanno lo stesso suono iniziale e finale (acrostico e telestico) che rivela l'augurio.

Fece tal linea / rea gru sui nei

Fatalmente   è d'antaN
Ed ai fan   è dedicatA
La ballata,   quasi un musT,
In un fast-   food ideatA,
Consumata,   casuaL,
Eppur val,   è pertinentE.

Ai confini   come un gaS,
Un by-pass che si diffondE:
Grandi onde,   un bazaR.
Uno zar   impertinentE,
Re di niente, ma in top teN.
In un amen,   ecco i finI.[32]

---

[32] Natale 2019. I 12 versi ottonari, divisi in 2 sestine, hanno rime-al-mezzo secondo lo schema: aBbCcDdBbCcA | dEeFfGgAaHhD. Il titolo è un duplice anagramma delle parole chiave che si ricavano in acrostico e in telestico (< FELICE NATALE | AUGURI SERENI >). Gli esiti ermetici vengono sciolti dal componimento seguente.

Lasciò un segno / volando sui difetti

Sorte ormai di lunga data
offre, amici, una ballata.
Atto quasi doveroso,
anche se un po' frettoloso,
con valore oppure senza.
Conta assai la ricorrenza.

E dovunque, se aeriforme,
come un mare privo d'orme,
o un mercato, la espande
un sovrano in nulla grande,
ma capace di costrutto.
Basta poco, ecco tutto.[33]

---

[33] Natale 2019. Il componimento è una parafrasi di quello precedente, titolo compreso; ne riproduce perciò anche la metrica: 12 versi ottonari divisi in 2 sestine; diversa è la rima (AABBCC | DDEEFF).

Scia rada

Se annovero l'anno vero,
(Conte stabile è contestabile,
come la bile appare labile),
sono a zero, come un azero,
profugo senz'àncora ancora.
Se venti lati ventilati
saranno equivoci (e qui voci),
faccio allora i cinquanta all'ora
(quando c'entro in centro) sgasati!
Non ve lo velo, quanti incroci...
Quindi affermo: viva i vivai!
Un nuovo anno, ora un uovo,
io coll'oro coloro; e avrai,
se dici sedici più un quarto,
del ciclo solare il rinnovo,
che è chiamato bisestile.
Ma bene, bravo, bis! È stile!
E se parto è davvero un parto.
Salute a mici e ad amici,
siate tutti quanti felici...[34]

---

[34] Capodanno 2020. I 20 versi novenari sono variamente rimati (schema: ABBACDECDEFGFHGIIHLL). Come tradito dal titolo, la lirica è intessuta di sciarade e omografie, con eventuali effetti di rima-al-mezzo. Il riferimento politico è al governo di Giuseppe Conte (e for-s'anche ad Antonio Conte, al tempo allenatore dell'Inter).

Debole traccia

Se considero tutto l'anno
(e il governo appare precario,
tra una rissa oppure un rosario),
sono una nullità, un migrante,
privo di meta, col turbante.
Prendere aria o un malanno,
(lo dico chiaro) è lo stesso;
rispetterei il regolamento,
se capitassi mai in città.
Però non vi nascondo adesso
di preferir rinnovamento;
in campagna oramai c'è già
l'embrione: dorata tinta
sul duemila-venti dispenso.
Sarà persino un bisestile...
Però che forma assai distinta,
quanta eleganza, quanto stile!
Il distacco mi duole – penso.
Saluto i felini e i sodali,
auguro gioie e niente mali.[35]

---

[35] Capodanno 2020. Parafrasi del testo precedente (titolo compreso), la lirica ne rispetta il metro (20 novenari) e all'incirca la rima (schema: ABBCCADEFDEFGHIGIHLL).

È un augurio da tugurio

Chi nell'uovo cerca il pelo,
chi col velo circa nuovo
vuol nascondere dell'uomo
qualche vizio. Caio, tizio
o sempronio – poco importa –
fosse afono o roco,
come può costui cantare
a nome proprio od altrui
un peana ad alta voce?
Dalla fonte alla foce
scorre il rio, è naturale.
Paghi il fio della sua colpa
quel bel tomo che diceva
(quasi un toro nell'arena)
che era mera influenza…
perché mai la quarantena…
cosa conta l'emergenza...
Opinione proprio vera!
Cosa dicono in RAI?
Quanto costa l'ignoranza?
Il risultato è presto detto:
incatenati al proprio letto,
il tempo libero è coatto,
ogni viaggio dentro un libro,
due esercizi chiusi in bagno,
immaginando mari e monti,
rimpiangendo ferie e ponti,
arrampicarsi per i muri
emulando l'uomo ragno,

maratona nel tinello,
Maradona sullo schermo,
per telefono lo scherzo.
E l'oblio in un oblò.
Come quando su nel cielo
c'è una nube quasi nera
che magari copre il sole,
sola rende il giorno sera;
la mutanda cela il pube
e il cerone ogni ruga
mette in fuga dalla vista.
Poi arriva la tempesta
che attiva la protesta.
È metafora del *virus*?
Si capisce, il senso torna
(penso che succeda sempre).
Servirà parecchia *virtus*
per resistere... Il "corona"
senza 'o' diventa corna!
Lo scongiuro è bell'e fatto:
basta il gesto, il puro atto.
Sta a vedere che il sedere
serve ancora. Ho detto tutto.
Niente lutto, via la noia!
Una Pasqua sia di gioia.[36]

---

[36] Pasqua 2020. I 54 versi ottonari sono costruiti su una serie di 36 pa-
ronomasie (ossia parole che mutano di senso per lo scambio o la sot-
trazione di un solo segno o suono); ciò tesse una rete di rimandi fonici,
cui contribuiscono anche alcune rime, rime-al-mezzo, omeoteleuti e
assonanze. La datazione comporta che il tormentone sia costituito
dall'emergenza pandemica, allora di strettissima attualità.

Serene feste (per mere "e")

Se sede fedele è Betlemme,
scende nel presepe presente
neve celere e leve, lemme
e greve, e perennemente
celeste. C'è gente che sente
le sere serene e le stelle
nell'etere vere e belle!
Se s'erge Selene repente,
ne vede le tele perfette,
leggére sentenze, e melense.
Gemere Selene dovette,
per gente che freme; e dense,
severe le stelle, e meste.
Perché se del bene è semente,
per sempre elegge le feste;
degenere, se veemente
eccede e lede: è peste.
Mete *ex grege*, per te leggente!

Parafrasi
Per tradizione è Betlemme il contesto,
eppure nella rievocazione attuale
accadono eventi veloci oppure lenti,
leggeri o pesanti, comunque caduti dall'alto.
Alcuni percepiscono con letizia
i tramonti e apprezzano il cielo notturno,
prezioso di gemme stellari.
Quando poi sorge d'improvviso la luna,
quelli vi scorgono trame positive

o pronostici dolci e favorevoli.
Invece fu un pianto lunare,
secondo chi è malinconico; e gli astri
esprimono tristi e crudeli ammonimenti.
Infatti, lo stesso germoglio può
essere inteso come perpetua fortuna;
altrimenti è negativo, qualora malevolo
molto ferisse: come un'epidemia.
Auguri speciali a chi legge! [37]

---

[37] Natale 2020. I 18 novenari (con rima ABABBCCBDEDEFBFBFB), sono stati composti escludendo le vocali tranne la /e/. Tale restrizione non poteva che causare oscurità semantiche; la parafrasi cerca di ovviare.

Ballata d'annata dannata

Vada annata ammalata,
strana, amara, assatanata,
vada a casa, alla landa!
Da Samara a Samarcanda,
qua Atlanta, là L'Avana,
dalla bassa all'altana,
acclarata dalla massa,
malandata sarà ava,
ratta avrà la cataratta!
Vaga maga va, trapassa
(ah la rava, ah la fava...),
arrabattata, fata sfatta!

Abbastanza la ballata,
accaldata, ha maltrattata
la sbandata. Mah, la manda
a caval (ma par la Panda)
d'avatar alla savana,
alla tana da marrana;
nata dannata alla cassa,
da nana a nanna andava.
S'arrabattava, s'adatta,
sa, abbassa la carcassa.
Barattava, ma ha la bava...
Vada da Satana, astratta!

Parafrasi
*Scompaia quest'anno foriero di malattia,
anomalo, acre e incattivito;*

torni al suo luogo d'origine!
Da ogni parte del mondo, dalla Russia
all'Uzbekistan, dagli USA a Cuba,
dalle pianure alle montagne,
da tutti è confermato che
l'anno maledetto è ormai un vecchio nonno
che presto diverrà cieco!
Al pari di una fattucchiera incerta ci lascia, muore
(in un modo o nell'altro),
raffazzonata come strega ormai deforme!

Questa canzoncina rabbiosa
ha già offeso a sufficienza
l'anno messo al bando. Lo ha spedito
in sella a un mezzo virtuale (che però sembra
un'utilitaria) in una zona arida,
nel suo rifugio degno di un vile;
dalla nascita condannato a morire,
da piccolo si assopiva presto.
Cercava di resistere; adesso si rassegna
e conscio ripiega il corpo esangue.
Un tempo mercanteggiava, ora dalla bocca gli esce un filo di saliva...
Reso ormai immateriale, torni dal demonio! [38]

---

[38] Capodanno 2021. Lirica omo-vocalica composta da 2 strofe di 12 ottonari ciascuna, con il medesimo schema di rime (AABBCCDEF-DEF). Data la regola che escludeva le vocali tranne la /a/, è inevitabile che siano frequenti rime-al-mezzo, assonanze, omeoteleuti, paronomasie e sciarade. Doverosa la parafrasi.

Auguri pasquali

Pa', *aliquis*, *augur*
quasi, pari, ugual
a guru? Spiai qual.
Più sa qui / la ruga:
aqua gru sui pali
ha, (uh!) paguri, squali...
Quia plus / auriga
- ah! quali pus / guarì?
Auguri pasquali![39]

---

[39] Pasqua 2021. Testo di 9 settenari, alcuni tronchi, ciascuno anagramma dell'ultimo verso; varie le rime (anche interne), tra cui una imperfetta (consonanza); schema: XAAb/(C)De/Df/(C)d/f/Be/D. La parafrasi, pure in versi, è alla pagina seguente.

*

*O padre, c'è qualcuno a un indovino
simile, anzi agli esotici santoni?
Cercai almeno di intravedere.
Or si ha miglior conoscenza da anziani:
la distesa marina ha trampoliere
posato, (ah!) crostacei e pescecani...
Per cui, chi più conduce da fantino
come riuscì a sanare le infezioni?
Speriamo in parecchie resurrezioni.*[40]

---

[40] Pasqua 2021. I 9 versi endecasillabi sono rimati secondo lo schema ABCDCDABB. L'ermetismo estremo del primo componimento, complici anche alcuni vocaboli latini, si riverbera sul secondo, che ha dunque bisogno di ulteriori glosse. Eccole: si immagina che un figlio si rivolga al genitore per avere pronostici sul futuro, ipotizzando che la vecchiaia contribuisca alla saggezza; segue una metafora implicita, che paragona la vita al mare, su cui volano o si posano uccelli, oppure entro cui nuotano esseri enormi o minuscoli. La domanda finale riguarda coloro che tengono le redini: sono stati o saranno in grado di risolvere i persistenti problemi sanitari? Almeno per Pasqua, non si può che augurarselo.

Un tuon banale sdrucciolo

Sodale, non volermene,
(una ragione fattene)
se ciò io dico e ìndico
in tono un po' drammatico.
Ma chi è nato vergine?
Impuro dall'origine,
nessuno è incolpevole,
ognuno pare debole
– a bordo di un velivolo,
o dentro un abitacolo,
o sopra un velocipede.
Che sia magari un angiolo
caduto e ora diavolo,
di certo è sempre un bipede
che anela ad un sensibile
rapporto, ad un dialogo
con altri. Inconcepibile
sarebbe uno psicologo
sprovvisto delle remore
morali, oppure un medico
che mostri sé immemore
del patto già fatidico
dettato da Ippòcrate;
così come un filosofo,
che ignori Kant o Socrate,
un fabbro ovvero un orafo
senz'arte metallurgica;
o privo ancor di logica
che gli avvocati o i giudici

dicessero dei codici
che son del tutto inutili.
Irrido il pensier unico,
perciò così comunico.
Concludo i versi flebili
con un augurio piccolo:
seppur il mondo è asfittico,
stremato, apocalittico,
un buon Natale... sdrucciolo!

[*Versi proparossìtoni,
o settenari sdruccioli,
a coppie omeoteléutiche
– chissà cosa significa...*][41]

---

[41] Natale 2021. Sono 38 settenari sdruccioli (43 contando il titolo e la
coda), con qualche rima perfetta ma in prevalenza accoppiati per omeo-
teleuto.

Regolari scempiamenti

Son fenomeni correnti,
cosiddetti scempiamenti:
di una doppia consonante
togli una e all'istante
cambia il senso. Non ci credi?
Prendi un tipo alquanto eccelso,
dio del vino e dell'eccesso:
si trasforma – già lo vedi –
in un bruco sopra il gelso,
il cui frutto è connesso
con un gioco molto antico
(è d'azzardo, te lo dico).
Lo era Attila alla vista,
o è il primo della lista.
Antiestetico, sgraziato,
o di Cesare uccisore;
molto asciutto, senza umore,
o con esso vien portato.
Indovina altri esempi,
più al passo con i tempi.
Se il fortino militare
si fa scempio, perde voce.
Spesso rotola veloce
oppure gira regolare.
È più tenera, non dura,
ma è grande di statura.
Viene scritto sul cartiglio
o si sposta nello spazio.
Siamo ormai arrivati al ciglio,

tocca già pagare dazio.
E se il classico "Buon Anno"
perde quella terza 'enne'?
Certo allude al fondo schiena:
stia lontan da te il malanno,
d'ogni guaio resta indenne,
s'interrompa la tua pena.
Il cammello dalla cruna
di quell'ago proverbiale
passi pure. Dunque vale
come augurio di fortuna:
la iattura sia assai rada,
venga invece ciò che aggrada.[42]

---

[42] Capodanno 2022. Il testo consta di 42 versi ottonari, legati da 21 rime (quante sono le lettere dell'alfabeto italiano), secondo lo schema: AABBCDECDEFFGGHIIHLLMNNMOOPQPQRSTRSTUVVUZZ).
Va aggiunto che vi compaiono 10 chiavi enigmatiche basate su altrettanti scempiamenti; nell'ordine: *Bacco ~ baco / mora ~ morra / Unno ~ uno / brutto ~ Bruto / secco ~ seco / rocca ~ roca / palla ~ pala / molle ~ mole / motto ~ moto / (anno) ~ ano.*

Trovare il pelo nell'uovo

Ecco è giunto il giorno atteso
Annunciato ben da un anno.
Se ne alleggerissi il peso
Triste e grave, senza affanno
Etiam questa ricorrenza
Retta tornerebbe ora,
E consimile a un'aurora,
Grazie a reminiscenza
Grata e cara. Fu sorpresa,
Sia risorsa, mai una resa.[43]

---

[43] Pasqua 2022. Dieci versi ottonari, con rima ABABCDDCEE. L'acrostico (< *easter eggs* >) insinua che nel testo si nasconde qualcosa: la firma dell'autore.

Un Natale non venale

Sarà buono quel Natale
- disse un tale – ove il tuono

ininterrotto di un conflitto
derelitto, sopra o sotto

crei disagi al mondo intero?
Fosse vero che i re Magi

portan doni assai preziosi,
portentosi sono i droni

più che oro, mirra, incenso.
Pare immenso il decoro

dimostrato dagli invasi;
sono frasi che da un lato

fan da stigma agli invasori:
disvalori sono, enigma.

D'altro canto ogni guerra
già sotterra l'esperanto,

impedisce che si attivi;
restan vivi come bisce

gli improperi o le accuse,
niente scuse o motti seri.

Siano accetti i nostri auguri,
benché duri; non si obietti

che di norma siano lieti.
Nessun vieti, nessun dorma.

I segnali più morali?
I regali non venali.[44]

---

[44] Natale 2022. Si contano 12 distici di versi ottonari, fra loro rimati
con rima-al-mezzo incrociata (a/Bb/A-c/Dd/C-e/Ff/E etc.); il distico
finale segue invece lo schema x/Yx/Y.

Magari in rima speculare

Con l'anno nuovo, vita nuova?
Magari non quella di Dante,
né di una prosa leopardiana
la cinica morale. Prova
a crederci comunque durante
il primo mese o la settimana
che il Duemilaventitré avvia.
È vero che vien lo sconforto
se si guardasse all'ecumene.
Forse ci vuole fantasia
per trovare l'approdo, il porto,
dimenticando quelle pene
con cui si è chiuso il Ventidue.
Su, coraggio, potremmo fare
qualche cosa che sia inaudito:
scambiare l'asino col bue,
invertire montagna e mare,
toccare il cielo con un dito!

Troppo insolito, troppo ardito?
Ma il peso è netto, senza tare,
per chi sa stare sulle sue;
per chi essendosi smarrito
decida il luogo dove andare.
Con una gamba o ambedue
si può percorrer male o bene
il mondo intero e il proprio orto;
che sia forse idiosincrasia?
Importa poco alle falene

aver ragione oppure torto:
quando fa giorno volan via.
Verranno momenti di vana
felicità, che nell'istante
più gradevole dell'alcova,
dentro il nido, là nella tana,
svaniranno. Sarà inquietante,
ma cercando ci si ritrova.[45]

---

[45] Capodanno 2023. I 36 novenari, regolarmente rimati, sono divisi in due strofe di 18. Come insinua il titolo (pure novenario), lo schema delle rime è speculare (ABCABCDEFDEFGHIGHI | IGHIGHFED-FEDCBACBA).

Dodici distici omeoteleutici

Quandunque e comunque giunga la Pasqua,
essa è incerta, malaccorta, promiscua;

data mobile, labile, a cavallo
di due stagioni (stallo, non cavillo).

Sia piovosa, uggiosa o solatìa,
appena s'avvia se ne va già via.

C'è chi scia, chi cammina in salita,
chi in discesa, chi riposa, chi nuota.

Ma gente siamo esperta, importa poco;
non la festa: la vera posta in gioco

è la ferialità. Non già una breve
prospettiva, bensì un evviva grave:

potesse questo giorno tutt'intorno
creare un'atmosfera rara, perno

su cui ruotasse spesse volte la vita,
ignote sia la sorte che la meta.

Una trottola minuscola, sola,
capace invece di folta sequela

di fasti imprevisti nonché corruschi,
melensi ovvero intensi oppur bruschi.

Lo dicon codesti dodici distici,
poco canonici neanche mistici.

Insomma la Pasqua non sia com'acqua,
che scorre fluida, rorida ma vacua.[46]

---

[46] Pasqua 2023. Come recita il titolo, la lirica si compone di 12 distici di versi endecasillabi, la cui peculiarità sono gli omeoteleuti (in sede finale ma anche all'interno del verso: se ne contano ben 72), che talvolta giungono alla rima perfetta.

THEATRON

Da *Viaggi d'ortaggi e frutti (non tutti)* [47]

L'arancia

Un'arancia ch'era in Francia
ebbe un forte mal di pancia.
Forse il cibo fu indigesto;
fatto sta che tornò presto
al paese suo natale,
all'indirizzo di partenza,
quasi al centro di Piacenza.
Giunta lì mangiò un totale
di squisite leccornìe
cucinate dalle zie,
dalla mamma, dalla nonna
(tutti cuochi con la gonna).
Ma una cosa è ben sicura:
la cintura non s'aggancia
quando cresce a dismisura
il gonfiore della pancia.
Toccò dunque a quest'arancia
di salir sulla bilancia

---

[47] Il libretto *Viaggi d'ortaggi e frutti (non tutti)*, edito da Nomade Psichico (Villimpenta, MN) vide la luce nel 2005, ma conteneva favolette in versi create tra la fine degli anni Novanta e i primi del Duemila, destinatari i miei figli Elisa e Alessandro, allora molto piccoli. Ebbe una certa circolazione nella scuola primaria, anche perché quei testi vennero utilizzati da Teatro Magro per laboratori e spettacoli destinati ai bambini – ecco la motivazione di inserirne alcuni esemplari in questa sezione.

a controllare se il suo peso
fosse quello di un obeso.
In effetti la lancetta
andò su verso il quintale.
L'opinione generale
fu perciò alquanto netta:
un agrume col pancione,
almeno per alcune ore,
non è un frutto ma un colore
– di preciso, l'arancione.[48]

---

[48] Sono 28 ottonari, variamente rimati (a/AABBCDDCEEFFGAG
AAAHHICCILMML). Da segnalare il gioco di parole basato sul falso
accrescitivo.

Il pisello

Di Orbetello originario era un pisello;
non appena uscito fu dal suo baccello,
volle andare per il mondo col fratello,
per capire cosa c'era di più bello.
S'imbarcò per cominciare su un battello:
vide un uomo lavorare col cesello,
artigiani che aggiustavano un ombrello,
un ragazzo che giocava a tamburello,
due bambini con paletta e con secchiello,
un signore che rientrava al suo castello,
un vecchietto reso curvo da un fardello,
due amanti che scambiavansi l'anello.
Giunse poi a intravedere un grasso agnello,
che tornava frettoloso al proprio ostello,
le due gobbe in lontananza di un cammello,
a sentire di una mucca il campanello,
l'ululato di due cani in un casello,
di un maiale il grido acuto in un macello,
che il norcino lì sgozzava col coltello.
Soddisfatto ritornò al suo paesello;
possedeva già del mondo il grimaldello:
ogni cosa, bella o brutta, senza appello
del mosaico della vita è un tassello.[49]

---

[49] Testo di 23 dodecasillabi monorima.

Il kiwi

Atterrato in Francia un kiwi,
dalla bocca gli uscì: "Oui!".
Quando poi passò in Germania,
dove era andato già,
fu spontaneo dire: "Ja!".
Soddisfare la gran smania
europea di frutti strani
era il compito dei kiwi,
che compivan viaggi a brani:
un po' di qui, un po' di là,
un po' diretti, un poco obliqui,
dagli antipodi all'Italia,
alla Russia, all'Inghilterra,
pronunciando: "Sì! Yes! Da!"
a seconda della terra.
Ma si tratta di un'ordalia:
quando il frutto acconsente,
poco dopo lui si pente,
'ché finisce in fruttiera
che assomiglia a una galera;
poi subisce la tortura
che vien detta sbucciatura.
Fin che viene masticato
senza essere avvisato:
insalivato, deglutito,
addirittura digerito,
quindi espulso nelle feci.
L'epitaffio così suona:
"Giaccio qui e quel che feci,
poi che l'anima ho buona,
non fu nulla di sleale.

Sono nato fra i Maori,
quindi andato a morir fuori
in emisfero boreale.
Tu, viandante, abbi pena
non per me ma per coloro
cui han tolto ogni decoro.
Tutti quanti siamo rena;
se il tuo cuor non è di sasso
cerca allora di evitare
ai miei fratelli un collasso.
Anche se può non sembrare,
se tagliati noi soffriamo;
non inganni quel colore
verde che noi ostentiamo.
Il cuore, il sangue o il dolore
può l'aspetto aver diverso
e tuttavia essere uguale
quel che tutti abbiamo perso,
tutto ciò che ci fa male.
Vai adesso, non fermare
il tuo passo: sono rare
le persone come te,
che lo sanno ascoltare
il lamento di un mortale,
sfortunato come me,
anche se è un vegetale.
Vai, addio, non ti voltare:
forse un giorno in lontananza
tu vedrai una fosca landa,
che oramai tutti han l'usanza
di chiamar Nuova Zelanda".[50]

---

[50] Lunga strofa di 62 ottonari variamente rimati.

LA ROCCA DI SORAGNA

I. INTRODUZIONE

La Rocca

Andiamo orsù a introdurre,
ben prima che sia immaginata,
la Rocca che fu edificata,
compresa la mitica torre,

(rifletto e la data io tento)
lontano nel Milletrecento,
(mi pare) nell'ottantacinque,
oppure in date propinque.

Fu Antonio di nome e Lupi,
cognome, oppur Bonifacio
(se non vi zittite io tacio)
che ottiene tra i molti dirupi,

ai piedi di gelide vette
nell'anno del Milletrecento,
(io credo) nel quarantasette,
codesto immane portento,

il diritto su tal territorio
da Carlo che fu imperatorio

col numero quattro (pensate).
Il feudo rimase finché,
a causa di sorti ingrate,
il Napoleone francese
al quale l'Italia s'arrese
– ognun lo capisce da sé –

soppresse qualunque potere
urtasse il proprio volere.

All'epoca questo edificio
aveva l'aspetto di un forte:
infatti, ogni suo artificio
serviva a chiuder le porte

incontro all'ostile invasore,
a stemmi di altro colore.
Ma quando il tempo passò
e la signoria dominò,
in modo piuttosto palese
ci furono rare contese,

si fecero scarne le torme
nemiche, e quindi il castello
poté divenire più bello,
poté ingentilire le forme.

Ciò càpita nel Cinquecento,
prosegue poi nel Settecento
lo slancio al rinnovamento,
che culmina nell'Ottocento.

Il fantasma

Un tempo un delitto crudele
la Rocca di rosso ha sporcato:
una certa Cassandra fu uccisa
la quale era sposa fedele
al secondo Diofèbo marchese.
Colpevole fu il cognato
– di nome era Giulio Anguissola –
che aveva un'anima intrisa
di male e di vili pretese,
cui forse facevano gola

i beni che lei possedeva.
Codesto delitto accadeva
nel secolo del Cinquecento,
nell'anno del Settantatrè:
dovunque s'alzava il lamento,
dovunque piangevano i lutti,
ognuno chiedeva perché.
La donna portava per tutti

l'epiteto di Cenerina.
L'orrore non fu vendicato,
ma presto creò la leggenda:
lo spettro di tal poverina
vagava vieppiù sconsolato,
presenza inquietante e tremenda,

di oscuri eventi indizio,
funesto presagio di morte.
La Rocca è stato l'inizio,

la Donna ha patito la sorte,
gli eredi avranno paura
finché sparirà la iattura.

II. GLI AMBIENTI

Sala Baglione

È detta così questa stanza:
o "delle grottesche", o se no
dal nome di Cesar Baglione,
pittore che la affrescò
nel secolo decimosesto.
Si tratta di stile abbastanza
piacevole, vivido e presto,
che trae la sua ispirazione

da quella pittura murale
famosa perché decorava
pareti ed arredi a Pompei.
La volta al centro s'avvale,
laddove s'incurva e s'incava,
di stemma araldico dei

Farnese e dei Duchi di Parma.
Che bella e simbolica arma!

Sala Gialla

Ed ecco che siamo a un ambiente
che dicesi in gergo corrente

– effetto del croma vigente –
la Camera ossia Sala Gialla.
Se ancor la mia mente non falla
finendo per non saper niente

(e spero in oblio non s'inveschi),
ricordo all'interno, montati
su tela, ben quattro affreschi
discreti e ben conservati,

con scene di gesta antiche,
alcune di sette fatiche
del noto eroe più forzuto
che l'Ellade abbia mai avuto:

la prima con Ercole in fasce
che strozza i serpenti, ovvero
che uccide Anteo senz'ambasce,
ch'ammazza anche Caco (davvero!),

che abbatte il Toro Cretese.
Per non impiegarci un mese,
concludo in modo succinto:
si vede inoltre il dipinto

"Amore che incocca la freccia"
(nel cuore gentile fa breccia),

un tempo già attribuito
da un certo studioso persino
al genio del Parmigianino.
Mi fermo – avete capìto?

Sala Bocchirale

La Camera del Bocchirale
(un attimo, metto l'occhiale

perché altrimenti m'ammazzo)
congiunge il giardino al cortile,
e reca all'interno un arazzo
francese del milleseicento,
un busto scultoreo maschile
databile al Cinquecento,

di ferro battuto un cancello
e il busto del Cristo; infine,
ci son quattro vasi a suggello
in cineseria molto fine

– risalgono al Settecento,
(sto attento a metter l'accento).

Sala Rossa

La Sala che Rossa è detta
(ormai la mia lingua balbetta,
bisogna che non mi svantaggi)
annovera sei paesaggi
ovali di tal Brescianino,
di stile composto e fino;
poi vede appesi i ritratti,
in nobile posa e ben fatti,

di Giàmpaolo Lupi e consorte,
insieme fin oltre la morte.

Tra i mobili spicca il divano
nonché le poltrone conformi
- non ho alcun motivo d'oppormi
all'ipotesi che di sua mano

cucì ogni tappezzeria,
con gusto e gran valentìa,
la principessina Anna Meli,
nel primo Ottocento vissuta.
Ma tale opinion va creduta?
Risponda lei stessa dai cieli.

Sala del Biliardo

Si accede alla Sala dipoi
(lo vede ciascuno di voi)
che prende il nome dal fatto
che ospita un vecchio biliardo
d'origine settecentesca.
Non sembri che io sia matto
però sono un poco in ritardo,
è meglio che presto si esca:

guardate gli antichi ritratti,
tra cui si distacca infatti

il quadro con la Cenerina,
la Donna che fu accoltellata
da Giulio Anguissola e i suoi bravi,
delitto rimasto impunito.
Eppur la vendetta si affina:
fantasma lei è diventata,
e le conseguenze più gravi
consistono in un triste rito,

l'annuncio di eventi funesti
finché non spariscano i resti
di questa maligna dimora,
finché tutto vada in malora.

Sala degli Stucchi

Un grande Salone quadrato,
esempio barocco perfetto,
attende il visitatore:
è quasi ovunque ornato,
istilla negli occhi il diletto,
induce finanche stupore.

È pieno di stucchi e dipinti,
confonde i veri coi finti
– ciò grazie agli artisti, i Bibiena,
di cui fu copiosa la vena,

se seppero far trionfare
la storia dei Meli e dei Lupi,
con toni brillanti o cupi,
se vollero immortalare

vittorie dei Lupi e dei Meli
ai danni dei turchi infedeli.
Si guardi il simbolo alato
dell'Aquila regia imperiale,
ovver di San Marco il Leone:
il capo del turco è schiacciato,
il bene trionfa sul male,
al termine della tenzone

col crudo nemico ottomano,
la croce sconfisse il corano.

Galleria dei Poeti

Divisa appare in sezioni,
son tre di preciso le parti
di tal Gallerìa dei Poeti.
La prima è affrescata a festoni
ancor dai Bibiena – le arti
ammettono senza divieti

che autori ritornino in voga,
(o almeno il diritto s'arroga

qualcuno con molte pretese).
Seconda è quella di Motta
Giovanni, pittor cremonese.
Entrambe riportano a frotta

ben dodici erme di vati:
l'Italia è presente con Dante,
Petrarca, Ariosto e poi Tasso.
Del mondo latino son stati
prescelti Orazio, importante
satirico, Ovidio che è l'asso

del puro lirismo, Lucrezio
poeta filosofo e infine
il sommo Virgilio, incline
all'*epos* morale. Il lezio

di Grecia è rappresentato
da Pindaro, Sofocle, Omero
ed Anacreonte. Invero

il culmine è dedicato

a Febo Apollo, il quale
è nume di ogni poesia.
La decorazione murale
s'incentra sull'allegoria

del cigno che come è noto
allude a quel dio 'sì remoto.

Cappella di Santa Croce

Nel primo Seicento fu fatta
erigere questa Cappella
che chiamano di Santa Croce.
Fu tomba per tutto il casato;
a questa funzione è adatta,
quaggiù mai nessun si ribella,
non senti vibrare una voce,
ciascuno è pacificato.

Vi giacciono Lupi Ugolotto
e poi Meli Lupi Francesco;
quest'ultimo volle un motto
curioso da buon secentesco:

"Qui giace a marcir nell'avello
or nudo e senza vigore,
fetente e vile; già lupo,
venturo celeste agnello".

Il senso profondo non muore,
mantiene un tono assai cupo.

Sala da pranzo

La Sala da Pranzo contiene
fra molte dorate lesene
ben quattro dipinti ovali,
esempi alquanto banali

del secolo decimottavo
(per poco non me ne scordavo),
recanti alcune figure
commiste a morte nature.

Inoltre il soffitto è affrescato:
Giampaolo il Terzo, addobbato

insieme al figlio Diofébo
da antico romano guerriero,
palesa un aspetto assai fiero
e pare un effetto... placebo!

Sala d'armi

Raccolte son qui molte armi
usate da tutti i gendarmi

feudali che dal Cinquecento
difeser la Rocca: ci sono
le sciabole, alcune alabarde
e degli archibugi a pietra
che incutono ancora spavento,
poi elmi e corazze (perdono
vi chiedo se corro), bombarde
ed archi con frecce e faretra,

persino un cannone di ferro.
Del secolo decimottavo
una bella bandiera di Spagna
che forse fu già, se non erro,
di una battaglia il ricavo,
l'orgoglio di tutta Soragna.

Galleria delle Monache

Codesta è la Galleria,
o almeno io credo che sia,
ove pare ci fosser le celle
di tutte le pie sorelle

che fecero voto a Cristo.
Le monache della famiglia
vestivano qua la mantiglia,
escluse per sempre dal mondo
(mi fermo se no mi rattristo).
Che cosa c'è adesso? Rispondo:

esposti ci sono vestiti,
arredi e strumenti assortiti
- è quasi un museo del costume.
Per darvi un certo barlume:

ci sta una culla con stemma,
un'anfora còrsa da vino,
degli abiti settecenteschi;
s'accresce il vostro dilemma
se nomino un carrozzino,
indumenti un po' pirateschi,

medaglie e un girarrosto?
È strano insomma 'sto posto.
Che dite se noi procediamo
e per lo scalone saliamo?

Scalone

In marmo rosato anzi rosso,
che tipico è di Verona,
guardate che gran balaustra.
Senz'altro qualcuno ha rimosso,

eppure può far da corona:
la scala siffatta illustra

ch'è nobile giungere in alto.
Vedete che i putti son sette,
di candida pietra splendenti.
Anch'essi qui donano smalto,
attirano schiere elette,
magnifici e lieti eventi.

Così questo bel corrimano
conduce lassù al primo piano.

Grande Galleria

La grande Galleria è questa,
che fu dai Bibiena affrescata
nell'anno di grazia del mille-
seicento e novantasei.

Non sembri pittura modesta,
è anzi assai attrezzata:
per fare brillar le pupille
segnalo alcuni cammei:

si guardi ad esempio il Doge
che elegge Nicolò marchese;
per render le lingue più moge
o fare le orecchie più tese,

riporto che un grande di Spagna,
in visita in quel di Soragna,

laggiù nel banchetto è dipinto
(ipotesi mera, ricordo):
si dice che sia Carlo Quinto!
Non ditelo in giro – d'accordo?

Sala delle Donne Forti

La Sala di due Donne Forti:
il nome rimanda agli affreschi
che danno onore alle sorti
d'audaci donzelle. Scimmieschi

gli uomini, astute Giuditta
e Giaèle: la prima uccide
Oloferne, nel sonno recide
la testa; quell'altra sta zitta,

nasconde il guerriero Sisàra,
ma poi gli conficca un picchetto
alla tempia. La Bibbia amara
racconta le gesta che ho detto.

Sala del Trono

Si apre una porta vicino
al monumentale camino,

accesso alla Sala del Trono.
Il quale al presente è formato
soltanto da due poltrone,
però per dotare di un tono
più adatto il conglomerato
ci sta un elemento che impone

rispetto: un bel baldacchino,
così impreziosito di fino
nonché riccamente adornato
con tende e drappeggi, broccato

e velluto. Notevoli sono
i tavoli d'ebano, stipi
con fregi d'avorio, corallo,
persin madreperla: un dono
per gli occhi, o per vari tipi
di gusto – si può senza fallo

affermare. Completano il tutto
due statue di legno che fanno
pendant con quelle che stanno
qui accanto, in Sala Nuziale.
Volete saper *ex abrupto*
qual è il loro senso totale?

Mi spiace, ma tanto non scappa:
passiamo alla prossima tappa.

Camera nuziale

È tempo di significare
la serie di statue di legno:
alludono alle stagioni.
Inverno ed Estate – appare
evidente dal plastico segno –
son queste. Le stesse ragioni

decifrano le precedenti:
Autunno e infin Primavera.
Adesso vi voglio più attenti:
entriamo là proprio dov'era...

Vedete il cancello dorato?
Immette nel luogo privato,
segreto, silente, speciale:
nel talamo matrimoniale.

I vetri, i cristalli, gli specchi
moltiplican facce presenti,
ma forse contengono anche
riflessi di volti più vecchi,
di storie rimaste pendenti,
di vite remote, assai stanche
perché prigioniere del fu,
d'un tempo che or non è più.

Salottino dorato

Notevole qui il Salottino:
supporti ci son speculari,
cornici a intaglio dorato,
il lume assai cristallino
emesso da più lampadari,
il marmo per terra intarsiato,

che reca di casa lo stemma.
Ritratti poi sono Ottavia,
che sembra una donna assai savia,
il marito Giampaolo, che flemma
ostenta almeno alla vista,
e il figlio Giovanni Battista.

Ciascuno di loro ci guarda
dai quadri appesi a parete:
a chi a fissarli s'attarda,
una voce sommessa ripete

che nulla nel mondo è sicuro
– un senso trapela strisciante
d'angoscia e pare nel muro
aprirsi un buco gigante.
Un brivido corre alle schiene
pensando al dolore, alle pene.

È meglio allora uscire
da questo percorso obbligato;
là fuori si può rinvenire
la vita che abbiamo lasciato.

Ma resta un sentore diffuso
riguardo al nostro discorso:
benché oramai sia trascorso,
chissà se sarà mai concluso.[51]

---

[51] Il poemetto mi fu commissionato da Teatro Magro nella primavera del 2012, in vista di una *performance* che si sarebbe poi tenuta nell'autunno seguente presso la Rocca di Soragna (PR), protagonista Alessandro Pezzali. Si trattava di una visita guidata semi-seria da svolgere in loco, in cui il cicerone doveva esprimersi appunto in versi. Il testo consta in totale di 424 novenari, suddivisi in 19 segmenti: ai 2 di introduzione ne seguono 17, che coincidono con i diversi ambienti da illustrare. Tutti i versi sono rimati secondo vari schemi (rime baciate, alternate, incrociate, in qualche caso con periodicità variabile; rare le rime imperfette); la ritmica, in prevalenza, prevede accenti sulla 2^, 5^ e 8^ sillaba; le strofe sono altrettanto varie (distici, quartine, sestine, ottave...).

Da *Cortesie per gli ospiti* [52]

La prova di virilità

Avendo ripudiato la Farnese,
la quale "imene corneo" tenea,
Vincenzo per aver eredi chiese
la mano di Eleonora medicea.
Purtroppo maldicenze e molte offese
la parte lesa ad arte diffondea.
Così la prova volle quel Toscano
che il pene del Gonzaga fosse sano.

Venezia fe' da campo neutrale
in cui dovesse il principe mostrare
la propria vigoria sessuale,
di essere davvero senza tare.
Mandato dal Granduca fu un sensale
a combinare il tutto e controllare;
in un orfanotrofio fu trovata

---

[52] I quattro componimenti selezionati fanno parte di una serie pubblicata nel libretto *Cortesie per gli ospiti* (Mantova, Le Regge dei Gonzaga, 2013), che intendeva conservare memoria di un progetto teatrale itinerante ideato da Teatro Magro, e svoltosi effettivamente nel giugno del 2013 in varie tappe in giro per la provincia di Mantova. Si trattava di combinare i luoghi di oggi con eventi del passato gonzaghesco, attraverso una drammatizzazione (per voci, corpi, oggetti e istallazioni) basata su documenti storici e su un riassunto in versi degli stessi. La ricerca documentaria e la versificazione mi furono commissionate già nell'autunno del 2012. Qui si vuole rimandare, *pars pro toto*, a quel progetto e a quel lavoro.

la giovane ventenne e illibata.

La notte stabilita, con la bella
avvenne quello che ci si aspettava:
Vincenzo spulzellò la verginella,
chiamando chi vicino lì origliava
perché verificasse; disse: "Nella
vagina ho ficcato la mia clava.
Toccate, cavaliere, con le mani
E non rompete più fino a domani!"

Finì a questo modo la questione,
con Belisario Vinta che poi fece
al suo Signore giusta relazione.
Non resta che un commento (o una specie):
possibile che un tale che dispone
di onori e di ricchezze debba invece
piegarsi e umiliarsi in una tresca
che è poco definire boccaccesca?

La data dell'inghippo, va da sé,
fu il millecinquecentottantatré.[53]

---

[53] Quattro ottave di endecasillabi in ottava rima più un distico finale
(schema: ABABABCC-DEDEDEFF-GHGHGHII-LMLMLMNN-
OO). L'evento è ben noto e documentato fino negli aspetti più osceni:
Vincenzo Gonzaga, dopo aver ripudiato Margherita Farnese, deve sot-
toporsi a una "prova di virilità" per poter impalmare in seconde nozze
Eleonora de' Medici. Il che avvenne nel marzo del 1583 a Venezia.

Morte di duchessa

Accadde a Rivarolo
la fine prematura
di Anna d'Aragona,
sposata a Vespasiano.
Sebbene c'è chi dica

che forse fu per dolo,
versione più sicura
che 'l vero incorona
afferma che pian piano
si spense con fatica

la donna per un male
che il medico non seppe
curare veramente.
Vedendola caduca
ne pianse il suo consorte

restato al capezzale,
e molto gli rincrebbe
di non poter far niente.
Neppure chi è duca
opporsi può alla morte.[54]

---

[54] Due coppie di pentastici con versi settenari; lo schema delle rime è
ABCDE-ABCDE-FGHIL-FGHIL. Anna d'Aragona, consorte del duca
Vespasiano Gonzaga di Sabbioneta, morì il 10 luglio 1567, a Rivarolo
Mantovano.

Un adulterio

Qui si racconta di come un cornuto
fece vendetta avendo sorpreso
dentro la casa la moglie in flagrante.
Una soffiata aveva avuto;
ruppe la porta e, sentendosi leso,
uccise l'adultera dopo l'amante.

Tutto avveniva nel borgo padano
intitolato al santo Martino;
a confessarlo è lo stesso assassino
mentre domanda al suo Castellano

d'esser graziato in quanto signore;
in fondo non fu che un delitto d'onore.[55]

---

[55] Sono 12 endecasillabi, divisi in una sestina, una quartina e un distico, con rima ABCABC-DEED-FF. Il duplice omicidio avvenne a San Martino dall'Argine il 20 dicembre 1591.

La Torre della Fame

La data dell'avvento
si situa nel Trecento:

scalzando i Bonaccolsi,
subentrano i Gonzaga.
Notizia un poco vaga
(ma fa tremare i polsi)

è quella che racconta
di un fatto molto truce.
Codesto si deduce
da cronache del Gionta,

Mambrino e Amadei,
oppure del Maffei.
La morte di Rinaldo,
in fama di ribaldo,

chiamato Passerino,
non chiuse la sequenza
di onta e di violenza:
si volle che il destino

del vinto ricadesse
su tutti i discendenti,
adulti, adolescenti,
bambini. P(ie)S(se):

la torre a Castel d'Ario
di essi fu prigione

e poi il triste ossario.
Ma tale perversione
ricorda l'episodio
del conte Ugolino,
cantato già da Dante.
Ci vuole troppo odio,
 il cuore più meschino,
la mente delirante,
per far morir di fame.
E nulla è tanto infame.[56]

---

[56] 34 versi settenari, suddivisi in un distico, sei quartine e un'ottava: AA-BCCB-DEED-FFGG-HIIH-LMML-NONO-PHQPHQRR.
Il truce evento dell'incarcerazione e della condanna a morte per fame di figli e nipoti di Rinaldo Bonacolsi è riportato da alcuni storici antichi (Giovanni Mambrino, *Dell'Historia di Mantova*, 1654; Scipione Agnelli Maffei, *Gli Annali di Mantova*, 1675; Federigo Amadei, *Cronaca universale della città di Mantova*, 1741; Stefano Gionta, *Fioretto delle cronache di Mantova*, 1844).

Da *Orlando curioso*

Pluriloquio

Siamo larve di guerrieri,
forse eroi o masnadieri.
Fummo vivi fino a ieri,
ora preda di batteri.
Dentro a usberghi, coi cimieri,
combattemmo truci e alteri,
con gli sguardi duri e fieri.
Disdegniamo i cimiteri,
son lontani i battisteri;
rifuggiamo i presbiteri,
non vogliam candele o ceri.
Noi speriamo che si avveri
ogni impresa: su velieri
traversando gli emisferi
e della Luna i crateri,
a cavallo di corsieri,
pure a piedi. Siamo seri:
maghi, streghe e fattucchieri
non crediamo siano veri;
tuttavia, coi loro sieri,
le pozioni ed i clisteri,
profezie ovver misteri,
le magie volentieri
rendon quasi veritieri
grandi amori e adulteri,
sogni, incubi e pensieri
del poeta – siano austeri,
siano gravi oppur leggeri,

dell'Ariosto o di Alighieri.
Come scacchi, bianchi e neri,
siam pedoni oppure alfieri,
torri, dame, cavalieri:
gli Astolfi e i Ruggieri,
gli Orlandi e gli Olivieri,
senza o con super-poteri,
spadaccini o archibugieri,
disarmati o frombolieri,
feudatari o barellieri,
le servette o gli scudieri,
sia i mezzi, sia gli interi.
Cosa dici, siamo zeri?
Estetisti e parrucchieri?
Ma intanto tu dov'eri
quando fuori dai quartieri
a Parigi o ad Algeri,
lottavamo coi destrieri
più veloci che levrieri,
contro amici o stranieri,
contro il tifo o il beri-beri?
Poco importa se siam meri
      parti della fantasia.
      Basta: è tempo di andar via![57]

---

[57] Questo segmento era parte dello spettacolo, intitolato *Orlando curioso* e ovviamene ispirato al capolavoro di Ludovico Ariosto, con cui si concluse il Laboratorio teatrale dell'anno scolastico 2015-2016, tenuto al Liceo Scientifico "Belfiore" di Mantova da Teatro Magro con la mia collaborazione in qualità di drammaturgo. In particolare, l'operatore Alessandro Pezzali mi chiese un segmento in versi che nel sottofinale riassumesse gli snodi e i toni della *pièce*; il titolo "Pluriloquio" rivelava che gli studenti attori lo avrebbero recitato a più voci, parte in coro, parte a versetti alternati. Si tratta di una strofa di cinquanta ottonari monorima, più un distico finale in altra rima.

Da *De rerum natura*

Versi… d'uccelli

I.

POIANA

Sul lago e la palude
io volo senza tregua.
La nube non delude,
la terra, l'acqua, il fango
per me sono alla stregua
di un ballo, tipo il tango,
di un vero paradiso.
Io caccio stando in alto,
poi scruto verso il basso
– sia detto per inciso –
finché non vedo il salto
di un pesce, oppure il tasso
che sbuca dalla tana.
Allora giù in picchiata
mi getto sulla preda,
con volo da poiana:
e quando arrivata
io sono, non si creda
che sfugga il topolino,
la biscia o la rana,
la tinca o il cardellino.
La caccia mai è vana:
io sono un bel rapace

diurno assai capace.
Correnti ascensionali
conosco a menadito;
non stanco le mie ali,
son furbo. Mi hai capito?

II.

a)

CIVETTA

Io sono la civetta,
che vola fino in vetta.
La notte mi si addice,
perché ho letto Nietzsche.

CHIURLO

Piacere, sono il chiurlo.
Depongo quattro uova,
che covo nell'alcova.
Se odo qualche urlo,
mi stacco dal mio nido,
poi volo fino al lido,
finché con il mio becco,
ricurvo e molto lungo,
per non restare a secco,
catturo qualche fungo,
oppure certi vermi,
insetti o un pesciolino.
Non credo nel destino,
neppure temo i germi;
poniamo che in palude
io mangi prede crude,
ma quando viene notte,

CIVETTA   io voglio quelle cotte.
                 Che noia questa rima.

CHIURLO   Se ci pensavi prima...

CIVETTA   Io penso che la prosa,
                 sia meglio di quei versi
                 che esigono la posa
                 di un dandy decadente.
                 È meglio se diversi
                 modelli in occidente
                 creassero insieme
                 il frutto e pure il seme.

CHIURLO   Ma vedi che non puoi,
                 staccarti dalle norme,
                 che sono come buoi
                 dei quali nessun dorme.

CIVETTA   Non so che cosa dici;
                 le rime tue rifiuto.

CHIURLO   Se fossimo pernici,
                 neppure conosciuto
                 avremmo queste lande,
                 le Alpi né le Ande.
                 È tardi quando i tordi,
                 dai mari o dai fiordi
                 sui laghi fan ritorno,
                 da soli oppure a stormo.

CIVETTA   Insisto, non mi freghi:
                 non basta la loquela.

CHIURLO

Ma quando il volo spieghi,
il vento come vela
tu sfrutti senza eguali:
che belle le tue ali!

CIVETTA

Mi sono già stufata
di questa tiritera.

CHIURLO

Mi sembri molto ingrata.
Va bene, buona sera.

b)

LUÌ

Sono minuscolo,
ma molto agile,
se muovo un muscolo,
su un ramo fragile,
muovo un pulviscolo
ma resto vigile.

CUCÙLO

D'altri uccelli sfrutto il nido,
pongo l'uovo di straforo,
volo via in altro lido.
Sì, lo dicon tutti in coro:
sei davvero un cucùlo,
ovvero sia un paraculo.

ARDEA

Sì, molte persone
mi chiamano airone,
ma io preferisco

il mio nome prisco,
ovvero Ardea:
mi sento una dea...

SVASSO

Come svasso
sono grasso,
volo in basso
verso il sasso.
Taccio e passo.

UPUPA

Sono molto chiacchierata:
chi mi considera male,
dice che son mascherata,
che il mio verso è letale,
e porto sfortuna la notte.
Eppure io sono diurna,
né son propensa alle lotte,
resto giammai taciturna.
Colpa di qualche poeta
che m'ha descritto assai trista;
nulla però oggi vieta
che l'opinion sia rivista.

c)

CIVETTA

Tu porti scalogna.

GUFO

Ma è una menzogna!

SVASSO

Per me ha ragione...

UPUPA (*a Svasso*)   Chiudi quella fogna!
CIVETTA (*a Gufo*)   Non far la carogna...
SVASSO   Bella discussione...

GUFO (*a Civetta*)   Che fai? Cerchi rogna?

UPUPA (*a Svasso*)   Tacere bisogna.

GUFO (*a Svasso*)   Chiudi quel becco.

SVASSO   Non una ne azzecco.

d)

GARZETTA   Che vuoi farci: è un fringuello,
                      parla sempre in eccesso,
                      crede d'essere il più bello,
                      quando invece è un vero cesso.

FRINGUELLO   Ha parlato la garzetta!
                      Maledetta smorfiosetta,
                      interdetta che balbetta,
                      sei una gretta barzelletta...

e)

ARDEA

Io intervengo,
non mi trattengo,
faccio la parte
di uno che l'arte
sa far fruttare,
a terra o a mare.
Non son per niente
un trampoliere;
mai sono assente,
le albe o le sere.
Ho il becco lungo,
zampe estese:
dunque io pungo
se è scortese
ogni avversario:
visto il divario,
assisto il cucùlo,
o del Luì,
di venerdì
corro in aiuto.

UPUPA

Brava Ardea,
chi ti s'allea
vive sicuro.

SVASSO

Fossi un siluro,
anch'io correrei
veloce da lei.

ARDEA

Grazie, fratelli.
Siamo uccelli,

serve che ognuno
se è opportuno,
aiuti gli altri,
tardi o scaltri.[58]

---

[58] I testi sono tratti dallo spettacolo *De rerum natura: Uccelli*, che costituiva la prova di lavoro finale del laboratorio teatrale tenuto al Liceo Scientifico Belfiore nell'anno scolastico 2017-2018. Condotto da Marina Visentini di Teatro Magro, si valse di un mio copione che alternava la prosa ai versi. Qui si propongono cinque stralci della componente versificata. Di seguito le informazioni specifiche.
I. Monologo di 28 versi settenari.
Rima: ABACBCDEFDEFGHIGHILGLGMMNONO.
II. Dialoghi con misure metriche diverse:
a) 56 versi settenari (AABB-CDDCEEFGFGHIIHJJKK-L-L-MNMO-NOPP-QRQR-ST-STUUVVW(W)-YX-YXZZ-ABBA);
b) LUÌ: 6 versi quinari sdruccioli in omeoteleuto (ABABAB) / CUCÙLO: 6 ottonari (ABABCC) / ARDEA: 6 senari (AABBCC) / SVASSO: 6 quaternari monorima / UPUPA: 12 ottonari (ABABCDCDEFEF);
c) 10 versi senari (A-A-B-A-A-B-A-A-C-C);
d) 8 versi ottonari (ABAB-Cc/C/c/Cc/C);
e) 32 versicoli quinari (AABBCCDEDEFGFGHHILLI-MMN-NOO-PPQQRR).

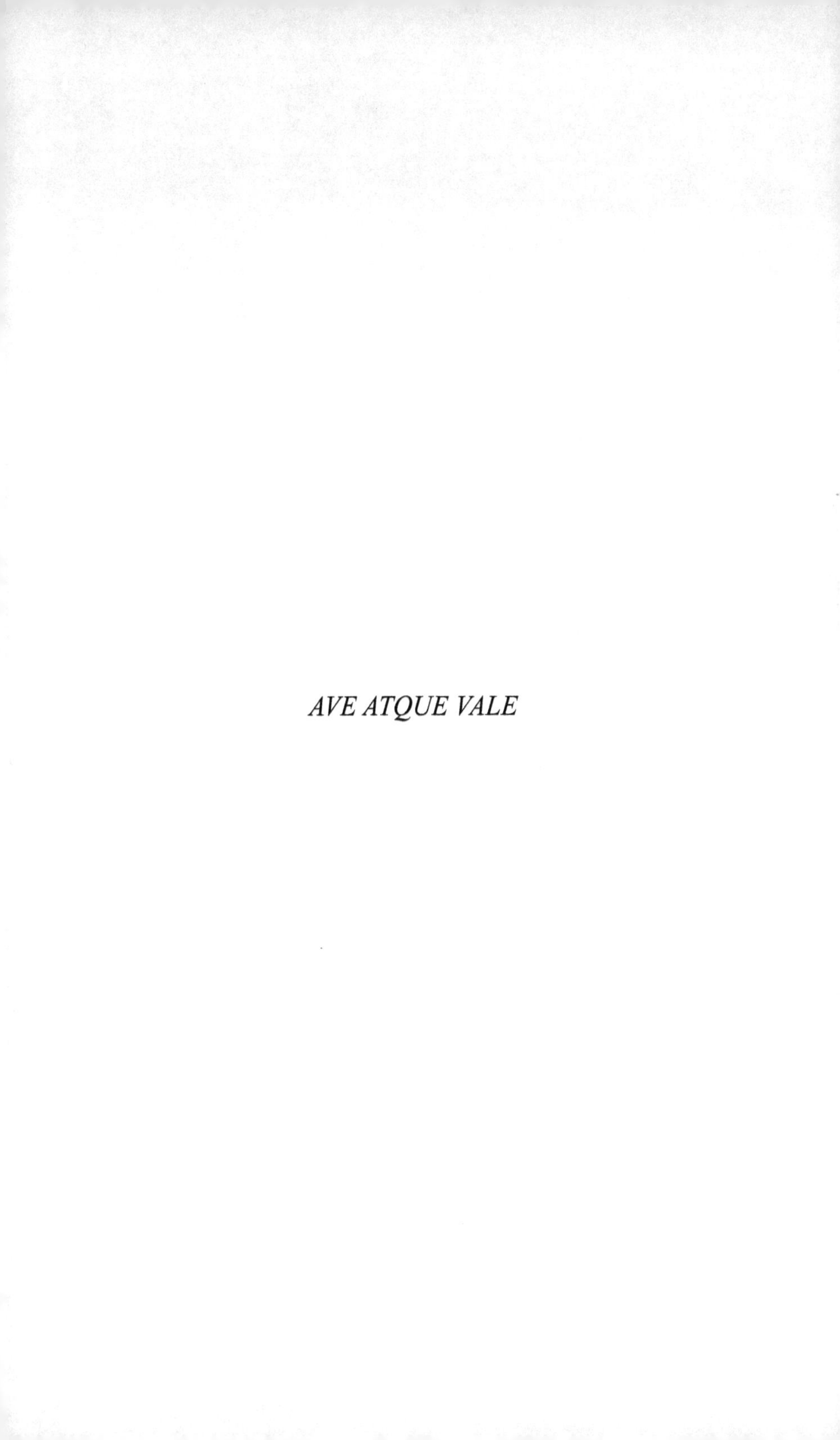

AVE ATQUE VALE

Da *Ombre vaganti*

Epilogo

Noi siamo il vuoto,
eppure occupammo
un posto nel mondo.

Noi siamo il buio,
eppure abbiamo
vissuto alla luce.

Noi siamo il silenzio,
ma abbiamo lottato
e vinto e perduto,
sofferto e gioito
con grida e lamenti.

Noi siamo l'oblio,
ma un tempo i ricordi
fiorivano in noi.

Noi siamo la terra,
sebbene potemmo
guardare nell'aria
i voli sublimi.

Noi siamo il nulla:
importa a qualcuno

se in vita abbiamo
creato qualcosa?

Eravamo corpi pulsanti,
col passo alla meta intento.
Ora che quel ritmo si è spento,
non siamo che ombre vaganti.[59]

---

[59] Dei 26 versi, divisi in 7 strofe, 22 sono senari sciolti, mentre l'ultima quartina è di novenari con rima ABBA. Per la verità, il brano appartiene allo spettacolo *Ombre vaganti*, ispirato all'*Antologia di Spoon River* di Edgar Lee Masters, prova di lavoro del Laboratorio teatrale che tenni al Liceo Belfiore nell'anno scolastic 2004-2005; dunque, si sarebbe dovuto inserire nella sezione precedente. Tuttavia, il suo carattere di congedo è così pregnante che lo ha fatto qui naturalmente scivolare.

Martiri del Belfior / medaglia al valor

C'era una volta la Quota Novanta;
ora invece – è il segno dei tempi –
con l'inflazione si è a Quota Cento.
C'è chi disprezza, c'è chi si vanta,
un si lambicca in cerca di esempi,
l'altro esprime d'invidia un accento.
Quando si contano i pensionandi,
scopre ciascuno che sono parecchi;
calmi restate, un po' come Gandhi,
dunque acuite entrambi gli orecchi
ché ve li elenco in ordine sparso.
Dodici è il numero: squadra di calcio?
Sì, se contiamo il portier di riserva
(meglio abbondare che essere scarso).
Chiedo attenzione: il primo che stralcio,
nome ha perfetto e della caterva
primo dev'esser: il porta-bandiera.
Indovinato? È Confalonieri!
Tocca adesso a gentile megera...
Scherzo, suvvia – ma siate sinceri:
quale signora avreste pensato?
Vi vedo perplessi e rido di gusto.
Va bene, è il momento e scarto di lato;
altra è di Scienze: *all right*, Paola Giusto!
Cambio materia, se no il gioco è trito;
questa è una donna davvero altera:
tratti con lei? Del Voi devi darle,
essendo... Patrizia. Addito ora un mito;
no, non esagero: la sua carriera
piena è stata – dai, bando alle ciarle –

d'oneri e onori: chi mai è giunto in sede
prima di lui, Luigi Togliani?
Non ci sarà una copia, un erede,
né al presente, neppure domani.
Mesto mi sento: ormai son trascorsi
gli anni più belli, gli anni Migliori:
ni-ente è lo stesso, vero Giordano?
Trovi a scuola le pecore e gli orsi,
i progressisti, i conservatori,
quelli altezzosi e quelli alla mano.
Poi un proverbio potresti adottare:
scherza coi preti, magari coi santi...
no, non lo fare con Paola Bonfanti!
Quando semmai tu avessi a che fare
con creature amorfe o tristi,
invoca Stefania, la De Battisti!
Diversamente puoi chieder la Grazia:
la Semeghini ben sa che i colori
servono per stemperare i bollori,
le incongruenze. Hai fame mai sazia,
pancia enorme che mai sembra piena?
Invadi l'Alsazia, oppur la Lorena;
non esitare, contatta la Mastri:
lei è al corrente che molti disastri
portano in pegno fortuna velata.
Arriva di corsa la Edi Pignata,
affaticata da mille zavorre:
chi nella notte l'insegue e rincorre?
Esce dal buio, ormai lo intravedo:
sembra che sia Francesco Faedo.
Scruto lo scuro, adesso riesco;
sono sicuro: è Faedo Francesco.
Resta soltanto Maria Bezzecchi:

dulcis in fundo - possiamo chiosare.
Per evitar che ci sian battibecchi
o esagerare coi salamelecchi,
dico alla fine che occorre brindare
con frizzantini ovvero prosecchi:
tutti costoro fra non molte ore
Martiri più non saran del Belfiore![60]

---

[60] È il saluto in versi che composi (e recitai) nel giugno del 2019 in onore dei ben 12 colleghi del Liceo "Belfiore" che di lì a poco sarebbero andati in pensione. Consta di 70 endecasillabi (ma fan da titolo 2 settenari tronchi), variamente rimati (talora anche con rima-al-mezzo). I giochi di parole con nomi e cognomi non sono sempre di prima mano, e me ne scuso, ma non riuscii ad escogitarne altri. Ecco comunque l'elenco dei pensionandi, in ordine di apparizione (segnalo la disciplina di titolarità perché meglio si comprendano eventuali allusioni): Giuseppe Confalonieri (Scienze), Paola Giusto (Scienze), Patrizia Voi (Matematica e Fisica), Luigi Togliani (Matematica e Fisica), Giordano Migliorini (Lettere), Paola Bonfanti (Lettere), Stefania De Battisti (Inglese), Grazia Semeghini (Disegno e Arte), Lorena Mastri (Matematica e Fisica), Edi Pignata (Scienze motorie), Francesco Faedo (Scienze motorie), Maria Bezzecchi (Scienze).

Ai diplomati del 2019

Siete qui per il diploma,
ma a vedervi senza soma,
senza ansia, senza angoscia,
pare quasi che studenti
del Belfiore mai non foste.
Certo accade prima o poscia,
regolari o ripetenti,
in via diretta o con soste,
che si arrivi alla meta
agognata eppur sofferta,
già astratta e or concreta.
I vostri visi a mente aperta
dicon tutto o forse niente:
c'è lo sguardo impertinente,
il sollievo, lo stupore
d'aver fatto il Belfiore!
Si prosegue il pistolotto:
ricordate quando ancora
ve la facevate sotto
al pensiero di un orale,
di uno scritto ad ogni ora?
Peggio poi la riconsegna,
con il voto (e la morale)
a far media in pagella.
Come l'esperienza insegna,
la memoria rende bella
ogni azione o situazione
a patto che sia del passato.
Ci si avvia alla conclusione;
è dittongo oppure iato

il rapporto col liceo
che ha formato il vostro ego?
Qualche attrito, alcuni screzi,
pochi vizi e molti vezzi,
non ne fanno un ripiego,
né un difetto, neanche un neo,
ma un rito, un percorso
che è finito l'anno scorso.
Qui si ferma questa ode
altrimenti il gruppo esplode...
Resta il tempo di un invito,
forse ovvio ovver gradito:
se non siete entrati in coma,
sventolate quel diploma![61]

---

[61] La consegna ufficiale dei diplomi ai maturati del Liceo Belfiore del 2019, a causa del Covid, avvenne solo nell'autunno del 2020. Per l'occasione, la Dirigente mi chiese un saluto in versi; ne uscì una lunga strofa di 44 ottonari (AABCDBCDEFEFGGHHILIMLNMONOPQPQ RSTTSRUUVVWWZZ); ad alcuni studenti del Laboratorio teatrale ne venne affidata la lettura, previa minima drammatizzazione.

Nel fosco del bosco

Ci fu un tempo remoto
in cui macchia di verde

era macchia di vuoto.
Nell'angoscia si perde

volontà di cammino,
se ovunque le ombre

incutendo terrore
sono spettri di tombe.

È lontano il mattino,
scorron lente le ore.

Sui rami gli uccelli
sono lugubri forme:

sembrerebbero torme
d'ossessioni ribelli.

Ecco un ponte apparire:
ma che rive collega?

Misteriose figure
si muovon furtive

fra sterpaglie oscure.
Poi di colpo una strega,

ma di bianco vestita,
è presenza immota,
un capriccio di sorte:
è un sogno di vita

la parvenza ignota,
o presagio di morte?[62]

---

[62] La lirica nacque come corredo a una serie di 44 scatti in bianco e nero del fotografo cremonese Luigi Briselli; fu composta nell'estate del 2020, ma divenne pubblica solo in occasione della mostra dedicata a quelle fotografie, inaugurata al Museo Diotti di Casalmaggiore (CR) il 4 giugno 2022. Sono 13 distici di versi settenari, variamente rimati, secondo lo schema seguente: AB-AB-CD-E(D)-CE-FG-GF-HI-L(H)-LI-MN-OM-NO. Il tenore del testo, da fiaba gotica terminale, motiva l'inclusione in quest'ultima sezione.

Un congedo mi concedo

C'è chi arriccerà il naso
posto a fronte di tal caso.
Mi dispiace per costoro,
ma ho denti da castoro:
non recedo al duro legno,
voglio che si lasci un segno.
Agli amici apparenti,
ai sodali, ai parenti,
agli allievi, ai maestri
ispirati o maldestri,
resti un cruccio o una traccia,
oppure caschino le braccia.
Poco importa; val la pena
che l'impronta nella rena
sia colmata da ricordi,
o magari disaccordi.
Dopo l'alba vien l'occaso;
prima pieno, poi il vaso
si fa vuoto, ma la forma
si mantiene; e la torma
dei pensieri è contenuta,
auspicata o temuta.
Qui si ferma il mio congedo:
un verso estremo mi concedo.

INDICE

www.ingramcontent.com/pod-product-compliance
Lightning Source LLC
LaVergne TN
LVHW051547170726

843492LV00006B/1985